A+ books
BILINGÜE/BILINGUAL

Animales opuestos/Animal Opposites

PESADOS y ligeros

Un libro de animales opuestos

HEAVY and Light

An Animal Opposites Book

por/by Nathan Olson

Traducción/Translation: Dr. Martín Luis Guzmán Ferrer

Capstone press

Mankato, Minnesota

Some animals are so heavy they can't jump.
Others are so light they flutter in the air.
Let's learn about heavy and light by looking
at animals around the world.

Algunos animales son tan pesados que no pueden saltar. Otros animales son tan ligeros que pueden revolotear en el aire. Vamos a conocer lo pesado y lo ligero viendo a los animales de todo el mundo.

3

HEAVY/PESADOS

Turkeys are heavy, plump birds. Some weigh too much to fly.

Los pavos son unos pájaros pesados y regordetes. Algunos pesan tanto que no pueden volar.

Light/Ligeros

Hummingbirds are light, thin birds. They can easily zip from flower to flower.

Los colibríes son unos pájaros ligeros y delgados. Fácilmente pueden zumbar de flor en flor.

HEAVY/PESADOS

The whale shark is the heaviest
fish in the world. It weighs as
much as a school bus.

El tiburón ballena es
el pez más pesado del mundo.
Pesa tanto como un autobús escolar.

Light/Ligeros

How light is a yellow tang fish? It weighs about the same as a golf ball.

¿Qué tan ligero es el pez cirujano amarillo? Pesa tanto como una pelota de golf.

Yellow tangs use their snouts to eat small plants from rocks.

Los peces cirujanos amarillos usan sus hocicos para comerse las plantitas de las rocas.

HEAVY/
PESADOS

Some dogs are heavy.
The English Mastiff
weighs about the
same as a baby horse.

Algunos perros
son pesados.
El mastín inglés pesa
tanto como un potrillo.

Light/Ligeros

Some dogs are light.
Chihuahua pups weigh
about the same as
a can of soda.

Algunos perros
son ligeros.
Los cachorros de
chihuahua pesan lo que
una lata de refresco.

HEAVY/PESADOS

Pythons grow thick and heavy. It takes several people to lift one.

Las pitones cuando crecen son gruesas y pesadas. Se necesitan varias personas para cargar una de ellas.

Pythons can swallow prey as large as a crocodile.

Las pitones pueden tragarse una presa del tamaño de un cocodrilo.

Light/Ligeros

Green mamba snakes are light and skinny. They don't need to be heavy. They have a deadly bite.

Las mambas sudafricanas verdes son ligeras y flaquitas. No necesitan ser pesadas. Su mordedura es mortal.

HEAVY/ PESADOS

Polar bears are heavy mammals. Their blubber keeps them warm in the cold ice and snow.

Los osos polares son unos mamíferos muy pesados. Su grasa los mantiene calientes en el hielo y la nieve.

Light/Ligeros

White bats are light mammals. They hang upside down from banana leaves to rest in the cool shade.

Los murciélagos blancos son unos mamíferos ligeros. Se cuelgan de las patas en las hojas del platanillo para descansar y estar frescos en la sombra.

HEAVY/PESADOS

The leatherback turtle is the heaviest reptile in the world. It weighs as much as a small car.

La tortuga marina laúd es el reptil más pesado del mundo. Llega a pesar tanto como un automóvil pequeño.

The leatherback turtle weighs about 2,000 pounds (907 kilograms).

La tortuga marina laúd pesa alrededor de 2,000 libras (907 kilos).

The dwarf gecko is the lightest reptile in the world. Some weigh less than a coin.

La salamanquesa enana es el reptil más ligero del mundo. Algunas pesan menos que una moneda.

HEAVY/PESADOS

Goliath beetles are heavy insects. A single goliath beetle can weigh more than a tennis ball.

Los escarabajos Goliat son unos insectos pesados. Un solo escarabajo Goliat puede pesar más que una pelota de tenis.

Light/Ligeros

Ants are light insects. But they can carry a heavy load. Ants can lift things many times their own weight.

Las hormigas son insectos ligeros. Pero son capaces de llevar una carga pesada. Una hormiga pueden levantar una carga de varias veces su propio peso.

HEAVY/ PESADOS

Gorillas have heavy bodies. They need strong arms to help them stand and walk in the rain forest.

Los gorilas tienen unos cuerpos pesados. Necesitan de unos brazos fuertes para ayudarse a levantarse y caminar por la selva.

Light/
Ligeros

Spider monkeys have light bodies. They swing from branches with their thin arms, legs, and tails.

Los monos araña tienen cuerpos ligeros. Se columpian de rama en rama con sus brazos delgados, sus patas y sus colas.

HEAVY/PESADOS

Yaks are mountain animals covered with heavy, coarse hair.

Los yaks son unos animales de montaña cubiertos de un pelo pesado y áspero.

In Tibet, yak hair is used to make tents.

En el Tíbet el pelo de yak se usa para hacer tiendas de campaña.

Light/Ligeros

Poodles are dogs covered with light, curly hair.

Los caniches son perros cubiertos de un pelo ligero y rizado.

HEAVY/
PESADOS

Prairie dogs that are fed too much human food grow fat and heavy.

Los perros de la pradera a los que les dan demasiada comida para humanos se ponen gordos y pesados.

Light/Ligeros

Light, fit prairie dogs scamper around and eat just enough.

Los perros de la pradera ligeros y sanos pueden corretear porque comen sólo lo que necesitan.

HEAVY/PESADOS

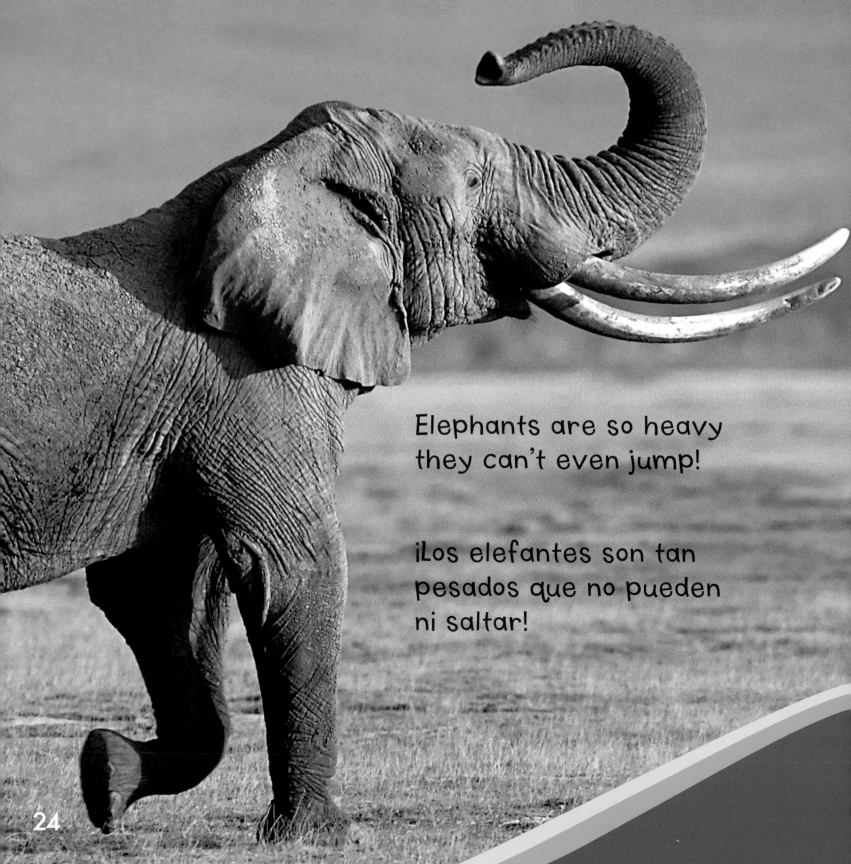

Elephants are so heavy they can't even jump!

¡Los elefantes son tan pesados que no pueden ni saltar!

Light/Ligeros

Elephant nose fish are so light you can carry one home for your fish tank.

Los peces elefante son tan ligeros que tú mismo los puedes llevar a la pecera.

Some heavy animals weigh as much as a bus. Some light animals weigh less than a coin. What kinds of heavy and light animals live near you?

Algunos animales son tan
pesados como un autobús.
Algunos animales son más
ligeros que una moneda.
¿Qué clase de animales pesados
o ligeros viven cerca de ti?

Did You Know?

A single ruby-throated hummingbird weighs less than a nickel. It would take eight or nine hummingbirds sitting together on a scale to weigh 1 ounce (28 grams).

Un solo colibrí garganta de rubí pesa menos que una monedita. Habría que sentar juntos ocho o nueve colibríes en una báscula para pesar 1 onza (28 gramos).

When goliath beetles fly, they make a noise like a toy helicopter.

Cuando vuelan, los escarabajos Goliat hacen un ruido como el de un helicóptero de juguete.

¿Sabías que?

The prairie dog is not a dog at all. It is a ground squirrel. These animals live in colonies or towns. Some prairie dog towns are home to more than 500 of these burrowing creatures.

Los perros de la pradera en realidad no son perros. Son ardillas de tierra o marmotas. Estos animales viven en colonias o pueblos. Algunos pueblos pueden tener más de 500 de estas criaturas de madriguera.

Male gorillas are almost twice as heavy as female gorillas.

Los gorilas machos pesan casi el doble que los gorilas hembras.

The polar bear is the heaviest bear in the world. Most adult male polar bears weigh between 900 and 1,500 pounds (408 and 680 kilograms).

El oso polar es el oso más pesado del mundo. La mayoría de los osos polares adultos pesan entre 900 y 1,500 libras (408 y 680 kilos).

Glossary

coarse — having a rough texture

creature — a living being

deadly — able to kill

insect — a small animal with a hard outer shell, six legs, three body sections, and two antennas; most insects have wings.

mammal — a warm-blooded animal that has a backbone and feeds milk to its young; mammals also have hair and give live birth to their young.

plump — somewhat fat or round

prey — an animal that is hunted by another animal for food

rain forest — a thick forest where a great deal of rain falls

reptile — a cold-blooded animal with a backbone; scales cover a reptile's body.

Internet Sites

FactHound offers a safe, fun way to find educator-approved Internet sites related to this book.

Here's what you do:

1. Visit *www.facthound.com*
2. Choose your grade level.
3. Begin your search.

This book's ID number is 9781429632522.

FactHound will fetch the best sites for you!

Glosario

áspero — que tiene una textura rasposa

la criatura — ser viviente

el insecto — pequeño animal de caparazón exterior duro, seis patas, cuerpo dividido en tres secciones y dos antenas; la mayoría de los insectos tiene alas.

el mamífero — animal de sangre caliente con columna vertebral que alimenta a sus crías con leche; los mamíferos también tienen pelo y dan a luz a sus crías.

mortal — que puede causar la muerte

la presa — animal que caza a otro animal para comérselo

regordete — algo gordo o redondeado

el reptil — animal de sangre fría con columna vertebral; el cuerpo de los reptiles está cubierto de escamas.

la selva — bosque muy tupido donde cae muchísima lluvia

Sitios de Internet

FactHound te brinda una forma segura y divertida de encontrar sitios de Internet relacionados con este libro y aprobados por docentes.

Lo haces así:

1. Visita *www.facthound.com*
2. Selecciona tu grado escolar.
3. Comienza tu búsqueda.

El número de identificación de este libro es 9781429632522.

¡FactHound buscará los mejores sitios para ti!

Index

Índice

A+ Books are published by Capstone Press,
151 Good Counsel Drive, P.O. Box 669, Mankato, Minnesota 56002.
www.capstonepress.com

1 2 3 4 5 6 14 13 12 11 10 09

Library of Congress Cataloging-in-Publication Data
Olson, Nathan.
    [Heavy and light. Spanish & English]
    Pesados y ligeros : un libro de animales opuestos = Heavy and light : an animal
opposites book / por/by Nathan Olson.
        p. cm. — (A+ books) (Animales opuestos = Animal opposites)
    Includes index.
    Summary: "Brief text introduces the concepts of heavy and light, comparing some
of the world's heaviest and lightest animals — in English and Spanish" — Provided
by publisher.
    ISBN-13: 978-1-4296-3252-2 (hardcover)
    ISBN-10: 1-4296-3252-6 (hardcover)
    1. Animals — Juvenile literature. 2. Body weight — Juvenile literature. I. Title. II. Title:
Heavy and light. III. Series.
QL49.O6318 2009
590 — dc22   2008034644

Credits

Heather Adamson and Megan Peterson, editors; Eida del Risco, Spanish copy editor;
    Renée T. Doyle, designer; Biner Design, book designer; Wanda Winch, photo researcher

Photo Credits

AP Images/Penn State/S. Blair Hedges, 15; Capstone Press/Karon Dubke, 25; Creatas, 11; Digital
Vision, 12, 24; iStockphoto, 3 (bottom right); iStockphoto/Frank Leung, 3 (bottom left);
iStockphoto/John Pitcher, cover (polar bear); iStockphoto/Klaas Lingbeekvan Kranen, 6–7;
iStockphoto/Rick Miller, 1 (right), 27 (bottom); iStockphoto/Timothy Wood, cover (hummingbird),
28; James P. Rowan, 12–13; Minden Pictures/Ingo Arndt, 19; Minden Pictures/Mark Moffett,
16–17; Nature Picture Library/Bruce Davidson, 16; Nature Picture Library/Shattil & Rozinski, 23;
Peter Arnold/Ron Giling, 10–11; Peter Arnold/Rouquette F./PHONE Labat J.M., 8–9; SeaPics.com/
Mark Conlin, 14–15; Shutterstock/Bruce Shippee, 26 (bottom left); Shutterstock/Christophe Testi,
7; Shutterstock/Christopher Marin, 22; Shutterstock/Donald Gargano, 18; Shutterstock/dvest, 26
(top); Shutterstock/Graham Taylor, 27 (top); Shutterstock/Jan Quist, 2 (bottom); Shutterstock/
Kiyoshi Takahase Segundo, 5; Shutterstock/Natalia V. Guseva, 26 (bottom right); Shutterstock/
Pavitra, 9; Shutterstock/Petrov Andrey, 20; Shutterstock/Phillip Holland, 4; Shutterstock/Racheal
Grazias, 21; Shutterstock/Robert Hardholt, 1 (middle), 3 (top), Shutterstock/Tim Zurowski, 1 (left);
Shutterstock/Vera Bogaerts, 2 (top)

Note to Parents, Teachers, and Librarians

This Animales opuestos/Animal Opposites book uses full-color photographs and a
nonfiction format to introduce children to the concepts of heavy and light. *Pesados y
ligeros/Heavy and Light* is designed to be read aloud to a pre-reader or to be read
independently by an early reader. Photographs help listeners and early readers
understand the text and concepts discussed. The book encourages further learning by
including the following sections: Did You Know?, Glossary, Internet Sites, and Index.
Early readers may need assistance using these features.